Tabla de

CRÁTER DEL VOLCÁN POÁS, PARQUE
NACIONAL VOLCÁN POÁS, COSTA RICA

Costa Rica: Tierra Bendecida

En mis años escolares crecí en Costa Rica escuchando a la folclorista Carmen Granados, en su popular personaje de "Rafela", que cuando Dios creó a América, fue repartiendo fincas, por orden de llegada, a los interesados. Llegaron primero los brasileños y agarraron una gran tajada, luego los argentinos y les fue bien en el sur. A los mexicanos les dió una rica finca, en el norte. Tatica Dios le dio a los chilenos una larga tira del nuevo continente. También hacían fila en la ventanilla celestial de repartición, los canadienses, gringos, colombianos, guatemaltecos, peruanos. A todos Dios les fue dando su finquita para que la cuidaran, la pusieran a producir y vivieran en ella en paz y en armonía con los vecinos.

Estaba Tatica a punto de cerrar la ventanilla porque ya había atendido a todos y repartido todo el territorio del gran edén. Pero de pronto llegaron jadeando, corriendo, sudando, muy agitados los ticos, muy tarde, como siempre. Casi no podían hablar porque tenían la garganta seca por el carrerón. Los ticos dijeron a Tatica que llegaron tarde por las presas y que venían por su finca, como todos los demás. Tatica los miró, guardó silencio, y muy reflexivo les indicó, que ya todo estaba repartido, que eso les pasaba por impuntuales.

Los ticos rogaron una y otra vez, que no era justo quedarse sin nada, que no tenían tierra propia dónde vivir. Entonces Tatica Dios sintió lástima y expresó: voy a hacer una excepción con ustedes para que aprendan la lección.

Yo repartí las fincas desde el norte hasta el sur, pero en el centro de América dejé para mí la mejor finca, pequeña pero hermosa, tiene de todo, es un edén. Pensaba dejármela como quinta de veraneo porque dirigir el cielo no es fácil y en ocasiones necesito descansar en este mundo terrenal. Y es lo único que queda, mi quinta favorita, entonces se las daré a ustedes, ticos, con la condición de que se esmeren en cuidarla, ya que iba a ser mi lugar de ensueño para liberar el estrés.

Se llama Costa Rica, y no hay otra igual, porque el tamaño no importa. Y aunque llegaron de últimos por las presas y no aprender a madrugar, al final daré a los ticos la mejor parte, Costa Rica, que sería la quinta para que la gente del cielo viniera a vacacionar. Desde entonces los ticos tenemos esta bendición de país llamado Costa Rica, con un territorio de 51.100 KM2 y una enorme extensión de área marina, tanto en el Océano Pacífico como en el Mar Caribe.

Tatica consideró que no podía ser injusto y dejar a los ticos sin nada, aún cuando no son puntuales y están acostumbrados a correr a última hora, con excusas de todo tipo. Así se originó la bella e incomparable nación de Costa Rica, en el mero centro de América, donde todo queda cerca. Por fin Tatica Dios cerró la ventanilla de repartición de fincas en el Nuevo Mundo.

RELATO DE CARMEN GRANADOS -- "Rafela

Francella Morera

CAPÍTULO 1

Comienzos Radiantes

¡Bienvenidos a Costa Rica: Donde Comienza el Viaje de la Felicidad

¿Listos para un viaje lleno de descubrimientos y alegría? Costa Rica te da la bienvenida con sus brazos abiertos, y en este capítulo, nos sumergiremos en los comienzos radiantes de este paraíso terrenal. Prepárate para enamorarte de la belleza natural y cultural que hace de Costa Rica un destino único.

El Encanto Natural: Selvas, Playas y Aventuras Inolvidables

Imagina bosques tropicales que susurran historias antiguas, playas de arena blanca que besan las olas del océano Pacífico y el mar Caribe, y aventuras que te harán sentir vivo. Costa Rica es el hogar de una biodiversidad asombrosa. Desde el aleteo colorido de los colibríes hasta los monos juguetones en las copas de los árboles, cada rincón está lleno de vida y maravillas naturales.

Historia que Inspira Felicidad: Un Vistazo a los Inicios de Costa Rica

La cultura costarricense es un caleidoscopio de colores y ritmos. Desde la artesanía tradicional hasta las animadas danzas folklóricas, cada expresión cultural cuenta la historia de un pueblo apasionado. Y en el centro de todo está la filosofía de "Pura Vida", un mantra que no solo se dice, ¡se vive! Descubriremos cómo esta mentalidad contagiosa se teje en el día a día de los costarricenses, y cómo puedes adoptarla para hacer de tu viaje una experiencia aún más inolvidable.

CAPÍTULO 2

El Significado de Pura Vida

En el corazón de Costa Rica, donde la naturaleza baila al ritmo de la vida y cada día es una invitación a la aventura, se encuentra el secreto mejor guardado: la "Pura Vida".

Todo comenzó cuando Dios, después de un día particularmente exitoso creando montañas majestuosas y océanos interminables, decidió que necesitaba un lugar donde relajarse y disfrutar de su propio paraíso. Y así, en el centro de América, nació Costa Rica, con la Pura Vida como su esencia palpable.

La Creación de Costa Rica: El Jardín de Dios en la Tierra

Imagina a Dios, después de esculpir valles verdes y pintar cielos en tonos brillantes, decidiendo crear un rincón especial en la tierra para disfrutar de su obra maestra. Costa Rica nació de esa visión, un regalo divino con selvas exuberantes, playas doradas y montañas que alcanzan el cielo. Dios sonrió al verlo y decidió que este rincón sería especial, impregnado con la esencia misma de la Pura Vida.

La Pura Vida: Más que un Saludo, una Filosofía de Vida

La Pura Vida es más que palabras; es un abrazo cálido en forma de saludo, una sonrisa compartida con un desconocido, y un recordatorio constante de que la vida es para ser vivida con gratitud y alegría. Los costarricenses llevan la Pura Vida como una segunda piel, es parte de su ADN, y rápidamente se convierte en un contagioso mantra para quienes tienen la suerte de visitar esta tierra de maravillas.

CATARATA LA CANGREJA – GUANACASTE, COSTA RICA

n Día Típico:
afé Aromático y Sonrisas Soleadas

n día típico en Costa Rica comienza con
   canto de los pájaros y el aroma
ntador del café recién colado. Los
abitantes locales, conocidos como
cos," saludan al día con un sincero "Pura
da" en sus labios y un brillo en los ojos
ue ilumina incluso la mañana más
ublada. No es simplemente un saludo, es
n recordatorio de apreciar el momento,
e estar presente y agradecido por la
da que fluye a su alrededor.

a Pura Vida en la Cultura Costarricense:
e la Mesa a las Tradiciones

a Pura Vida se filtra en cada aspecto de
      cultura costarricense. Desde la
eliciosa comida casera que comparten
on generosidad hasta las tradiciones
miliares que se celebran con
ntusiasmo, la vida en Costa Rica es un
onstante recordatorio de disfrutar los
equeños placeres y de abrazar la
mplicidad con gratitud.

ransformación para los Visitantes:
a Ola de Pura Vida

ara los visitantes, la Pura Vida se
onvierte en una experiencia
ransformadora. Es como si el aire mismo
evara la esencia de la relajación y la
ceptación..

Los turistas deambulan por los mercados
locales, se mezclan con la gente amable y
encuentran una paleta de colores vivos en
cada rincón del país, todo impregnado con la
Pura Vida

Así que, queridos lectores, prepárense para
dejarse llevar por la ola de Pura Vida mientras
exploramos Costa Rica juntos. Este no es solo
un destino turístico; es un viaje hacia una
mentalidad, una forma de vivir que transforma
cada momento en una celebración.
¡Bienvenidos a la esencia misma de Costa Rica,
donde la Pura Vida se convierte en la melodía
de nuestra aventura!

CAPÍTULO 3

Sinfonía de la Naturaleza

En el alma de Costa Rica, donde la selva se transforma en un escenario y las montañas rozan el cielo, da inicio la majestuosa sinfonía de la naturaleza. Este capítulo nos sumergirá en la rica biodiversidad que convierte a Costa Rica en un asombroso espectáculo natural, y exploraremos cómo esta sinfonía influye en el bienestar emocional de aquellos que llaman a esta tierra su hogar.

La Gran Obertura: Biodiversidad Única en Acción

Imaginen una orquesta, pero en lugar de instrumentos, hay aves que entonan melodías únicas y monos que añaden ritmo con sus juegos en las copas de los árboles. Este es el concierto diario en Costa Rica, donde la biodiversidad no solo es abundante, ¡sino también increíblemente creativa!

Desde los vibrantes colibríes que parecen pintados por un artista celestial hasta las ranas de colores brillantes que podrían rivalizar con cualquier arcoíris, la vida silvestre en Costa Rica es como un desfile de moda en plena naturaleza. ¡Incluso los árboles tienen sus propios roles, con hojas y ramas participando en esta sinfonía visual!

Naturaleza como Terapia

Ahora, hablemos del impacto en el bienestar emocional. Resulta que la naturaleza en Costa Rica no solo es un espectáculo para los sentidos, ¡sino también una terapia para el alma! Los habitantes locales, los "ticos," han descubierto el secreto de sumergirse en este escenario natural para encontrar paz y alegría.

Imagina un día estresante, y de repente te encuentras frente a una cascada majestuosa que parece cantar una melodía relajante solo para ti. O caminar por senderos rodeados de selva, donde cada paso está acompañado por el suave susurro de las hojas y el canto de aves exóticas.

La naturaleza en Costa Rica es como un spa gigante proporcionando tratamientos para el estrés y la fatiga

Un Dúo Perfecto: Ticos y la Naturaleza

Los ticos no solo comparten su tierra con esta increíble biodiversidad, sino que también han aprendido a vivir en armonía con ella. Es como una coreografía natural donde los humanos y la naturaleza se complementan. Los ticos entienden que cuidar de su entorno es una forma de cuidar de sí mismos.

Así que, queridos lectores, prepárense para sumergirse en la sinfonía de la naturaleza en Costa Rica. Desde los ricos sonidos de la selva hasta la danza de colores en el dosel del bosque, este capítulo nos recordará que somos parte de una sinfonía más grande, donde la naturaleza es la directora y Costa Rica es el escenario perfecto para esta maravillosa actuación. ¡Que comience el concierto de la vida!

PARQUE MANZANILLO EN COSTA RICA

CAPÍTULO 4

El Plan Maestro de la Felicidad

En las tierras soleadas de Costa Rica, donde la risa es tan común como el sol brillante, se teje un plan maestro secreto para la felicidad. Este capítulo nos adentrará en los ingredientes clave que contribuyen a la alegría en este rincón tropical y nos sumergiremos en el análisis de factores que convierten a Costa Rica en un oasis de bienestar.

El Complot de la Felicidad: Un Análisis Cómico

Imaginen una reunión celestial donde los ángeles comparten secretos para la felicidad y, de repente, se revela que Costa Rica ha descubierto la fórmula mágica. ¿La receta? Un toque de pura vida, una pizca de sol perpetuo y una generosa porción de bromas ticas. ¡Es el complot de la felicidad, y todos están invitados a participar!

Estabilidad Política: el Ingrediente de la Tranquilidad

En el capítulo de la estabilidad política, Costa Rica es la estrella de la telenovela donde el protagonista es la paz. Mientras otros países batallan con dramas políticos, aquí, los ticos prefieren comedias ligeras y finales felices. La estabilidad política es como la salsa secreta que aderoza la vida cotidiana con una dosis extra de tranquilidad.

El Consultorio de la Felicidad: Acceso a Servicios de Salud y Educación

En este capítulo, visitamos el consultorio de la felicidad, donde la atención médica es accesible para todos, y la educación es la receta para el progreso. Los ticos entienden que una población sana y educada es la base de la felicidad duradera. ¡Aquí, la única receta médica es un abrazo tico y una dosis de conocimiento!

Sostenibilidad Ambiental: La Receta para un Futuro Feliz

En el último acto, exploramos la sostenibilidad ambiental, donde Costa Rica lidera la obra maestra para un futuro feliz. La selva es el escenario donde los protagonistas, como los monos y los quetzales, son los guardianes de la biodiversidad. La tierra prometida se cuida con esmero para garantizar que las generaciones futuras también puedan disfrutar del festín de la felicidad.

El Final Feliz: La Esencia de Pura Vida

Este capítulo revela el desenlace, donde la suma de estos factores clave da como resultado el plan maestro de la felicidad en Costa Rica. Es como un cuento de hadas donde la estabilidad política, la atención médica accesible y la sostenibilidad ambiental se entrelazan en una danza armoniosa.

La esencia de la pura vida es la moraleja que hace que este relato sea un tesoro de alegría y bienestar.

Así que, queridos lectores, preparen sus risas y sus corazones, porque el plan maestro de la felicidad en Costa Rica está a punto de cautivarlos. ¡Bienvenidos al lugar donde la felicidad no es solo un destino, sino el camino mismo!

Pacífico Costa Rica

CAPÍTULO 5

Folklore Costarricense: Felicidad en Cada Rincón

En la tierra de la Pura Vida, donde cada día es una fiesta y la alegría se baila al ritmo de la cimarrona, nos sumergimos en el fascinante folclor costarricense. Este capítulo es como un paseo festivo, lleno de bailes, cantos, turnos, la bulliciosa cimarrona y desfiles protagonizados por payasos que convierten cada celebración en un carnaval de risas y tradición. La forma de ser del costarricense es alegre y su alegría envolvente y contagiosa.

Bailes Típicos:

1. Punto Guanacasteco:

Si quieres conocer el principal baile folklórico de Costa Rica, debes presenciar una presentación de punto guanacasteco. Su ritmo acelerado y la cantidad de zapateos capturarán toda tu atención. Este baile, declarado danza nacional en 1944, representa la forma en que antiguamente los hombres cortejaban a las mujeres. Cuando veas que las chicas salen corriendo durante la presentación, sabrás que es su forma de coquetear. Y como en toda historia hay un final feliz, la danza termina con un beso. Puedes disfrutar de estas presentaciones en los principales teatros de San José, como el Teatro Nacional, para vivir un espectáculo de calidad.

2. Baile de Cimarronas:

Aquí, las cimarronas no se refieren solo a un grupo de instrumentos musicales de percusión, sino a un tipo de baile folklórico de Costa Rica o, mejor dicho, a un ritmo musical muy propio. Como dato curioso, cuando escuchas gatos en el techo a medianoche, se les llama "gatos cimarrones" porque hacen tanto ruido como estas pequeñas bandas. Pero el escándalo no es malo cuando se trata de música. Por eso, en muchos pueblos del país hacen presentaciones con música de cimarrona, acompañada de bailes con las famosas mascaradas, que incluso tienen su propio día. Cada 31 de octubre, puedes ir a las calles de San José y presenciar este animado baile.

3. Swing Criollo:

Si eres de los que improvisa a la hora de bailar, te encantará el swing criollo. Es uno de los bailes más populares del país, ya que sus tonos rápidos y giros característicos durante el baile lo convierten en un espectáculo único. Tanto es así que, en 2011, fue reconocido como Patrimonio Cultural Inmaterial de Costa Rica. Es un ritmo tan conocido que puedes disfrutarlo en cualquier momento del año y prácticamente en cualquier lugar. En el centro de San José, encontrarás establecimientos donde no dejarás de mover tus pies al ritmo del swing. Eso sí, te recomendamos llevar zapatos cómodos para que no tengas excusas para dejar de bailar.

Turnos: La Tradición de Compartir Alegría y Comida

En Costa Rica, un turno es una fiesta o feria de pueblo, generalmente organizada por los vecinos para recolectar dinero y bienes en beneficio de la misma comunidad en la que viven.

Cimarrona: El Estruendo Festivo:

¿Qué sería de una fiesta costarricense sin el estruendo alegre de la cimarrona? Este grupo musical itinerante, compuesto por tambores, trompetas y platillos, transforma las calles en un escenario de júbilo. La cimarrona es la banda sonora de las festividades, invitando a todos a unirse a la danza y dejarse llevar por la alegría contagiosa. Una cimarrona es una pequeña banda de músicos aficionados, propia del folclore de los cantones y pueblos de Costa Rica, caracterizada por estar conformada únicamente por instrumentos de viento y percusión.

Mascaradas:

La mascarada costarricense es una de las festividades más alegres y populares de Costa Rica. Su valor como patrimonio cultural inmaterial resalta al evidenciar tres factores indispensables. En primer lugar, los conocimientos en torno a la naturaleza requeridos por las personas portadoras de tradición para hacer uso y aprovechamiento de materiales en la confección de las máscaras. Seguidamente, los conocimientos y saberes en torno a las técnicas artesanales aplicados en la confección de las mismas. Finalmente, el aporte de la música de cimarrona y la danza de las mascaradas, que animan las fiestas y los pasacalles en unión con las personas de las comunidades.

Mientras nos despedimos de este capítulo lleno de ritmo y tradiciones vibrantes, recordemos que el folclore costarricense no solo es una expresión artística, sino el latido cultural que impulsa la felicidad en cada rincón de esta tierra de Pura Vida. Las risas compartidas, los bailes animados y las festividades llenas de color son testigos de una comunidad unida por la alegría. Sigamos explorando, porque en cada celebración, Costa Rica nos regala una lección de cómo la felicidad se encuentra en la simplicidad de vivir plenamente.

Cinco Canciones Típicas de Costa Rica en Spotify:

1. "Pura Vida" – Son de Tikizia
2. "Guanacaste es Guanacaste" – Manuel Monestel
3. "Pampa" – La Media Docena
4. "Limonense" – Walter Ferguson
5. "Al Chile" – Editus

Volcán Arenal. Costa Rica.

CAPÍTULO 6

Fiesta Gastronómica

En el corazón de Costa Rica, donde los aromas de la selva tropical se mezclan con la brisa del océano, nos aventuramos en un capítulo que deleitará no solo tus sentidos, sino también tu alma. Este es un viaje a través de la goce culinario costarricense, donde cada bocado cuenta una historia y cada sabor es una nota en la sinfonía de la felicidad.

Desde el amanecer, cuando el sol pinta de tonos cálidos el cielo costarricense, hasta el crepúsculo, cuando la naturaleza se sumerge en la serenidad nocturna, la cocina de Costa Rica es una celebración continua. Y en este banquete interminable, cada plato lleva consigo el sello de la Pura Vida.

Nuestro viaje comienza con el despertar del día, acompañado por el aroma inconfundible del café costarricense. Este elixir oscuro, preparado con gran destreza, no es solo una bebida; es una invitación a sumergirse en la riqueza de la tierra. Imagina sentarte en una cafetería local, la taza caliente entre tus manos, mientras la vida cotidiana de Costa Rica se desarrolla a tu alrededor. Este no es solo un café; es el comienzo de una jornada llena de sabores auténticos.

Ahora, prepárate para explorar la diversidad culinaria de este paraíso tropical. En cada rincón, desde los mercados bulliciosos hasta los restaurantes familiares, descubrirás una mezcla única de ingredientes frescos y técnicas tradicionales. No te sorprendas si te encuentras con un "gallo pinto" en el desayuno, una mezcla deliciosa de arroz y frijoles que es casi una bandera gastronómica nacional. ¿Y qué decir de las "casados"? No son solo matrimonios, sino platos típicos que combinan arroz, frijoles, carne, ensalada y plátano maduro.

En Costa Rica, la comida es más que una necesidad; es una forma de conectarse, celebrar y compartir alegría. Los "ticos," como cariñosamente llaman los costarricenses a sí mismos, te invitarán a probar sus delicias locales con una sonrisa y un orgullo palpable. Cada comida es una ocasión para compartir risas, historias y momentos de felicidad.

Pero hablemos de postres, porque el dulce siempre es bienvenido. ¿Has probado alguna vez un "tres leches"? Este pastel empapado en tres tipos de leche es una obra maestra culinaria que te transportará a un éxtasis de sabores. O tal vez te encuentres con una "cajeta," un dulce de leche que se derrite en la boca como un abrazo cálido.

Este capítulo es un banquete de experiencias, donde cada plato es una entrada a la cultura, la historia y la felicidad de Costa Rica. Desde los puestos de comida callejera hasta los restaurantes más elegantes, cada mordisco es una afirmación de la Pura Vida. Así que, siéntate, disfruta y sumérgete en el festín de la goce culinario costarricense. ¡Buen provecho!

CAPÍTULO 7

Aventura en Espera: Carcajadas en la Naturaleza

Bienvenidos a la vibrante Costa Rica, donde la aventura acecha en cada rincón y la naturaleza se convierte en el escenario perfecto para tu próxima hazaña llena de risas y emociones. En este capítulo, nos lanzamos de cabeza a la Aventura en Espera, donde la adrenalina se entrelaza con la exuberancia natural para crear experiencias que te harán reír, gritar y, sobre todo, sentir la alegría de estar vivo.

Desde los rugientes ríos hasta las copas de los imponentes árboles, Costa Rica te espera con los brazos abiertos y una lista interminable de actividades que harán latir tu corazón con fuerza. Prepárate para soltar tu lado más intrépido y sumergirte en una tierra donde cada día es una nueva oportunidad para explorar.

Caminatas por la Selva: El Comienzo de la Aventura

Nuestro viaje comienza con la suave caricia del sol filtrándose a través de las hojas de los árboles. Las caminatas por la selva costarricense son mucho más que una simple actividad física; son un encuentro íntimo con la naturaleza en su forma más pura. Imagina adentrarte en senderos serpenteantes, donde cada paso te acerca más al latido del bosque y cada sonido te cuenta una historia diferente.

Con guías locales expertos, te aventurarás a descubrir la biodiversidad única que alberga este paraíso tropical. Monos juguetones que se columpian entre las ramas, coloridas aves que danzan en el cielo y mariposas que pintan el aire con sus alas; cada encuentro es una pequeña obra maestra de la madre naturaleza.

Tirolesas y Tarzán Swings: Donde la Gravedad se Convierte en Diversión

Ahora, si estás listo para elevar la adrenalina, las tirolesas te esperan con los brazos abiert Imagina deslizarte a través de la selva como un pájaro, con el viento acariciando tu rostro y murmullo de la vegetación bajo tus pies. Desde plataformas estratégicamente ubicadas, lanzarás al vacío, confiando en que el arnés y la gravedad te llevarán a una aventura inolvidab

Y si las tirolesas no son suficientes, prepárate para los Tarzán Swings, donde emularás al rey la jungla, balanceándote sobre profundos cañones. La sensación de libertad y emoción te ha soltar carcajadas que resonarán en toda la selva. No es solo una actividad; es una experien que te conectará con tu instinto más salvaje.

Ríos Rugientes: Rafting y Kayak para la Diversión Acuática

Pero la verdadera emoción comienza cuando nos dirigimos a los rugientes ríos que serpente por la tierra costarricense. El rafting y el kayak se convierten en protagonistas, llevándote través de aguas turbulentas y paisajes que quitan el aliento. Imagina descender por rápid emocionantes, con el agua salpicando tu rostro y la risa burbujeando desde lo más profundo.

Para aquellos que buscan una experiencia más relajada, los kayaks te permitirán explorar rí más tranquilos, rodeados por la majestuosidad de la selva tropical. Pájaros que observ desde las orillas, iguanas que se asolean en las rocas; cada momento es una oportunidad pa sumergirte en la maravilla natural.

Zonas de Escalada y Senderismo: Eleva tus Expectativas

Si prefieres mantener los pies en tierra firme, las zonas de escalada y senderismo te desafiar a elevar tus expectativas. Desde colinas suaves hasta picos desafiantes, cada ruta ofrece promesa de vistas espectaculares y la satisfacción de conquistar nuevos horizontes.
Y cuando llega la noche, la aventura no termina. Costa Rica se transforma en un paraíso para observación de estrellas. Lejos de las luces de la ciudad, el cielo se ilumina con una marea estrellas que parecen bailar en la oscuridad. ¿Hay algo más mágico que pasar la noche ba este lienzo celestial?

Conclusión de la Aventura: Risas, Recuerdos y Renovación

A medida que concluimos nuestro capítulo de Aventura en Espera, llevamos con nosotros las risas compartidas, los recuerdos imborrables y la renovación que solo la naturaleza puede ofrecer. Cada actividad, desde las caminatas por la selva hasta las emocionantes tirolesas, contribuye no solo a la felicidad momentánea sino también al bienestar duradero. Costa Rica, con su diversidad natural y su espíritu aventurero, se erige como un recordatorio de que la vida está llena de momentos para explorar, disfrutar y reír. Así que, amantes de la aventura, preparen sus corazones para los tesoros que aguardan en esta tierra de maravillas naturales. ¡Hasta la próxima hazaña!

Rafting en Costa Rica

CAPÍTULO 8

Zona Azul

¡Bienvenidos a la Zona Azul de Costa Rica, donde el tiempo parece bailar al ritmo de la eternidad! Imaginen un lugar donde la longevidad y la felicidad se entrelazan en un abrazo amistoso, donde hombres y mujeres desafían al reloj y saludan a cada día con una sonrisa centenaria. Nos adentramos en una parte de Guanacaste, específicamente en la Península de Nicoya, donde la vida se vive a cámara lenta y se celebra en tonos de azul.

En estos cinco cantones mágicos de Santa Cruz, Hojancha, Carrillo, Nandayure y parte de Nicoya, se teje la historia de la Zona Azul costarricense. Aquí, la gente no solo vive, sino que florece, superando el promedio de expectativa de vida y desafiando las convenciones sobre el envejecimiento. ¿El secreto? Bueno, parece que la respuesta está en la simplicidad de la vida y el abrazo constante de la Pura Vida.

La Península de Nicoya se alza orgullosa como la única Zona Azul en Iberoamérica y la más extensa en todo el mundo. En esta tierra, el azul del cielo se mezcla con el verde de la naturaleza, creando un paisaje que parece tener la fórmula para una vida larga y plena.

Imaginen a los habitantes de estas tierras saludándose entre risas, compartiendo historias de tiempos pasados y abrazando cada momento con gratitud. Las sillas mecedoras se convierten en tronos de sabiduría, y las miradas centenarias parecen contener secretos que solo la Zona Azul puede revelar.

Desde el amanecer, cuando los primeros rayos de sol acarician la Península, hasta el anochecer, cuando la serenidad se funde con la oscuridad, la vida en la Zona Azul es una celebración continua. Las playas de Santa Cruz, los campos de Hojancha, las calles de Carrillo, los rincones de Nandayure y la esencia de Nicoya forman el escenario donde la Pura Vida se manifiesta en cada arruga de la piel.

En este capítulo, no solo descubrimos una región con una longevidad envidiable, sino un testimonio de cómo la mentalidad de Pura Vida, con su énfasis en la simplicidad, la conexión comunitaria y el amor por la naturaleza, puede ser un elixir para una vida plena.

Así que, únanse a nosotros en este viaje a la Zona Azul, donde el tiempo se estira como el horizonte marino y la vida es un regalo que se abre lentamente, como una flor que florece bajo el sol eterno de Costa Rica. ¡Bienvenidos a la eternidad de la Zona Azul, donde la felicidad no tiene límites!

CAPÍTULO 9

Tu Viaje Costarricense: Una Guía Juguetona

Bienvenidos al gran final de nuestra escapada costarricense: Capítulo 10: Tu Viaje Costarricense. En esta guía caprichosa, nos sumergiremos en los detalles prácticos para experimentar la alegría pura que este paraíso tropical tiene reservada para ti. Ya seas un viajero novato o un aventurero avezado, prepárate para consejos prácticos, risas y los secretos para desbloquear la felicidad que Costa Rica tiene para ofrecerte.

Sabiduría del Equipaje: Ropa Ligera y un Toque de Pura Vida

Comencemos con una revisión del guardarropa. Olvida esas chaquetas voluminosas; empaca ligero y trae tu sonrisa más radiante. Costa Rica se trata del estilo de vida "Pura Vida", y querrás ser tan despreocupado como los lugareños. Chancletas, ropa fresca y, por supuesto, tu sombrero de sol favorito: eso es lo que necesitas para mezclarte con la vibra relajada.

Trucos Lingüísticos: Habla Tico con una Sonrisa

Si bien el inglés puede ser tu compañero de viaje, añadir un poco de español a tus conversaciones puede hacer tu viaje aún más vibrante. No te estreses por la perfección; un amistoso "Hola" o "Gracias" te ganará un montón de sonrisas. La clave es abrazar el idioma con alegría, al estilo Tico.

Gastronomía Local: Sumérgete en los Sabores de Pura Vida

Ahora, hablemos del verdadero corazón de cualquier aventura: ¡la comida! "Casado" para el almuerzo, "Gallo Pinto" para el desayuno y "Arroz con Pollo" para la cena: ¡es una fiesta gastronómica! Y oh, no olvides el "Chifrijo" en la calle, acompañado de un lado de risas. Sigue tu nariz hasta la "soda" más cercana (local de comida) y prepárate para un carnaval de sabores.

10 Delicias Culinarias Costarricenses que Debes Probar:

1. Olla de Carne: Este es un reconfortante guiso que combina carne de res, yuca, plátano, ñame y maíz tierno. Cocido a fuego lento, cada cucharada es un bocado de la calidez de Costa Rica.

2. Rondón: Un plato típico de la costa caribeña, el rondón es un guiso de pescado, mariscos y coco. Su sabor exquisito te transportará a las playas tropicales con cada cucharada.

3. Chifrijo: Una mezcla irresistible de arroz, frijoles, carne de cerdo, pico de gallo y aguacate. Es el acompañamiento perfecto para disfrutar durante los juegos de fútbol o en cualquier reunión festiva.

4. Tamal: Un clásico en las celebraciones, el tamal costarricense es una mezcla de masa de maíz rellena de carne de cerdo, arroz, garbanzos y verduras, todo envuelto en hojas de plátano.

5. Ceviche de Corvina: La frescura del pescado corvina se combina con cebolla, cilantro, tomate y jugo de limón para crear un ceviche refrescante y delicioso.

6. Arreglados: Estos son sándwiches únicos que incluyen carne, chorizo, queso, aguacate y salsas especiales. Son perfectos para satisfacer el hambre mientras exploras.

7. Picadillo de Papa: Papas tiernas mezcladas con carne molida, zanahorias y guisantes, sazonadas con especias costarricenses. Es un plato reconfortante y lleno de sabor.

8. Sopa Negra: Esta sopa oscura y sustanciosa combina frijoles, huevo duro, arroz y plátano. Es un plato típico que te hará sentirte como un local.

9. Pasta con Salsa de Pejibaye: Disfruta de una pasta única con una salsa elaborada a partir de pejibayes, una fruta autóctona. La mezcla de sabores es una experiencia culinaria que no querrás perderte.

10. Pastel de Tres Leches de Frutas Tropicales: Una variante del clásico pastel de tres leches, pero con un toque tropical que incluye frutas como piña, mango o maracuyá.

Y para acompañar tus comidas, prueba el delicioso "Rice and Beans con Pollo Caribeño" , un plato que combina arroz y frijoles con pollo sazonado con especias caribeñas, ofreciendo un festín de sabores.

Y para completar tu experiencia, deleita tu paladar con las auténticas "Tortillas Palmeadas" , delgadas y suaves, hechas a mano con maíz fresco, que complementarán perfectamente cualquier platillo costarricense. ¡Buen provecho!

CAPÍTULO 10

Descubre el Paraíso Costarricense: Playas, Montañas y Ciudad en un Suspiro

Costa Rica, joya del istmo centroamericano, te brinda una experiencia única donde la diversidad es la protagonista. Sus playas, acariciadas por aguas cristalinas y tibias, son auténticos refugios de serenidad. Desde la suavidad de la arena en Playa Conchal hasta la energía vibrante de Tamarindo, cada playa cuenta una historia de belleza natural.

Lo que hace a Costa Rica excepcional es la proximidad mágica de sus escenarios. En cuestión de minutos, puedes pasar de la tranquilidad de una playa al fascinante misterio de la selva montañosa. Senderos que serpentean entre árboles centenarios, cataratas escondidas que rompen el silencio, y la oportunidad de encontrarte con la vida silvestre en cada rincón.

Pero eso no es todo, porque el encanto de Costa Rica también se extiende a sus ciudades. En un abrir y cerrar de ojos, te encuentras en el corazón bullicioso de San José. Calles llenas de cultura, mercados repletos de colores locales, y la hospitalidad de los ticos, que siempre te reciben con una sonrisa.

Costa Rica no solo ofrece playas para soñar, montañas para explorar y ciudades para disfrutar, sino la maravilla de tenerlas todas al alcance en un abrir y cerrar de ojos. ¡Descubre el ritmo vibrante de Costa Rica, donde cada paisaje es una nueva aventura esperando a ser explorada!

Surfeando las Olas Pura Vida: ¡Relájate, Amigo!

Si alguna vez soñaste con cabalgar las olas, la costa del Pacífico de Costa Rica es tu patio de recreo. Ya seas un surfista experimentado o un tambaleante acuático, toma una tabla y deja que las olas Pura Vida te lleven a la euforia junto a la playa. No olvides el protector solar: las líneas de bronceado y las líneas de risa, aquí vienen.

Mejores playas para surfear en Costa Rica:

1. **Playa Hermosa (Guanacaste):** Conocida por sus consistentes olas y paisajes impresionantes, es un destino principal para surfistas experimentados.
2. **Santa Teresa (Puntarenas):** Esta playa en la península de Nicoya es famosa por sus fuertes rompientes y atrae a surfistas de todo el mundo.
3. **Pavones (Golfito):** Reconocida por tener una de las olas izquierdas más largas del mundo, es ideal para surfistas avanzados en busca de un desafío.
4. **Tamarindo (Guanacaste):** Una playa versátil con olas para surfistas de todos los niveles. También ofrece una animada escena social.
5. **Dominical (Puntarenas):** Un lugar relajado con olas consistentes, atractivo tanto para surfistas principiantes como para aquellos más experimentados.

Mejores playas para relajarse en Costa Rica:

1. **Playa Conchal (Guanacaste):** Con su arena de conchas trituradas y aguas cristalinas, es un paraíso tranquilo para disfrutar del sol.
2. **Manuel Antonio (Puntarenas):** Además de su famoso parque nacional, las playas aquí ofrecen un entorno sereno para relajarse.
3. **Playa Flamingo (Guanacaste):** Una playa de arena blanca con aguas calmadas, perfecta para nadar y descansar.
4. **Montezuma (Puntarenas):** Con su ambiente bohemio y hermosos paisajes, es un refugio ideal para aquellos que buscan paz y tranquilidad.
5. **Playa Tortuga (Puntarenas):** Conocida por su conservación de tortugas marinas, esta playa ofrece una experiencia relajante y un entorno natural impresionante.

Atardecer en Costa Rica

Teatro Nacional

Viviendo la Pura Vida en la Ciudad:
Explorando San José y sus Alrededores

Costa Rica no solo te invita a disfrutar de su exuberante naturaleza, sino que también te sumerge en la riqueza cultural y vibrante vida de ciudad. San José, la capital, es el corazón palpitante de esta experiencia. Aquí, la Pura Vida no solo se respira en la selva, sino que también se vive en cada calle, cine, teatro, museo y centro comercial. ¡Prepárate para descubrir el encanto urbano de Costa Rica!

1. Museo Nacional de Costa Rica (San José):
Sumérgete en la historia y cultura costarricense explorando las fascinantes exposiciones del Museo Nacional. Desde arte precolombino hasta arte moderno, este museo ofrece una visión completa del pasado y presente del país.

2. Teatro Nacional (San José): Disfruta de una noche de cultura en el majestuoso Teatro Nacional. Construido a finales del siglo XIX, este impresionante edificio alberga ópera, ballet y eventos culturales que te transportarán a otra época.

3. Mercado Central (San José):
Vive la autenticidad de la vida local explorando el bullicioso Mercado Central. Aquí encontrarás artesanías, productos frescos, y la oportunidad de probar la gastronomía típica costarricense.

4. Cine Magaly (San José):
Si eres un amante del cine, el histórico Cine Magaly es el lugar perfecto para disfrutar de películas internacionales y locales en un ambiente clásico y encantador.

5. Parque Nacional (San José):
Escapa del ajetreo de la ciudad en el Parque Nacional, un oasis de tranquilidad con jardines, fuentes y estatuas. Ideal para paseos relajantes o simplemente disfrutar de un momento de calma.

6. Plaza de la Cultura (San José):
Descubre la Plaza de la Cultura, un espacio público donde convergen la historia y la modernidad. Aquí encontrarás tiendas, cafeterías y el Museo del Oro Precolombino.

7. Multiplaza Escazú (San José):
Explora las tiendas de lujo, restaurantes y entretenimiento en Multiplaza Escazú, uno de los centros comerciales más grandes del país.

8. Feria Verde de Aranjuez (San José):
Sumérgete en la cultura sostenible y visita la Feria Verde de Aranjuez, un mercado orgánico y local donde puedes encontrar productos frescos, artesanías y alimentos saludables.

9. Oxigeno (Heredia):
Este animado centro comercial en Heredia ofrece una variedad de tiendas, restaurantes y actividades. Perfecto para un día de compras y entretenimiento.

10. Ruinas de Cartago (Cartago):
Explora las históricas Ruinas de Cartago, un sitio arqueológico que cuenta la historia de la antigua capital de Costa Rica. Un viaje al pasado en medio de la modernidad.

Vivir la Pura Vida en la ciudad significa sumergirse en la diversidad cultural, explorar la historia y disfrutar de la animada escena urbana de Costa Rica. ¡Bienvenido a la mezcla perfecta de naturaleza y ciudad!

10 lugares de montaña que no te puedes perder en tu viaje a Costa Rica:

Costa Rica es conocida por sus impresionantes paisajes montañosos que ofrecen a los visitantes una experiencia natural única.

Volcán Arenal: Este imponente volcán, rodeado por el Parque Nacional Volcán Arenal, es un ícono de la belleza natural costarricense. Ofrece senderos para caminatas, aguas termales y la posibilidad de observar la lava del volcán en la oscuridad.

2. **Monteverde:** Conocido por su famoso Bosque Nuboso, Monteverde es un destino de montaña que te sumerge en un entorno de neblina y vegetación exuberante. Explora sus puentes colgantes y disfruta de una amplia variedad de vida silvestre.

3. **Cerro Chirripó:** El punto más alto de Costa Rica, el Cerro Chirripó, ofrece una desafiante pero gratificante caminata hasta la cumbre. Desde la cima, podrás disfrutar de impresionantes vistas panorámicas de todo el país.

4. **Reserva Biológica Bosque Nuboso Santa Elena:** Similar a Monteverde, esta reserva ofrece otra perspectiva del bosque nuboso. Puentes colgantes y torres te permitirán explorar la vida en las alturas de la selva tropical.

5. **Parque Nacional Braulio Carrillo:** Ubicado cerca de San José, este parque nacional es hogar de montañas cubiertas de bosques lluviosos y una amplia variedad de flora y fauna. Puedes recorrerlo a través de senderos y puentes colgantes.

6. **Cordillera de Talamanca:** Esta extensa cordillera se extiende a lo largo de la frontera con Panamá y alberga una gran diversidad de ecosistemas. En sus altitudes más altas, encontrarás páramos y bosques de robles.

7. **Parque Nacional Tapantí:** Conocido por su diversidad biológica, este parque nacional resguarda una gran cantidad de especies de aves. Los visitantes pueden disfrutar de caminatas en la selva y observación de aves.

8. **Parque Nacional Los Quetzales:** Este parque es un hábitat clave para el quetzal, un ave magnífica y colorida. Ofrece senderos que serpentean a través de bosques nubosos y prados alpinos.

9. **Cerro de la Muerte:** Este paso de montaña en la Cordillera de Talamanca ofrece espectaculares vistas y es uno de los lugares más altos de la Carretera Interamericana.

10. **Valle de Orosi:** Rodeado por montañas, el Valle de Orosi es un lugar pintoresco con plantaciones de café, aguas termales y el hermoso Lago Cachi.

Prepárate para encuentros encantadores con los residentes salvajes de Costa Rica. Los monos pueden pasar para charlar (bueno, más o menos), y los perezosos podrían cantarte una canción de cuna. Mantén bien abiertos los ojos para ver un desfile de iguanas, una sinfonía de ranas arbóreas y tal vez, solo tal vez, un mono capuchino jugando al escondite.

Catarata La Cangreja – Guanacaste, Costa Ric

Aquí tienes 10 datos curiosos sobre Costa Rica

1. País sin Ejército: Costa Rica es conocida por su política de desarme y abolición del ejército. Desde 1949, la constitución del país prohíbe la creación de un ejército permanente, priorizando la inversión en educación y salud.

2. Biodiversidad Asombrosa: A pesar de ser un país relativamente pequeño, Costa Rica alberga alrededor del 5% de la biodiversidad mundial. Su diversidad ecológica incluye más de 500,000 especies, lo que lo convierte en un paraíso para amantes de la naturaleza.

3. Uso Mayoritario de Energía Renovable: Costa Rica ha establecido récords mundiales en el uso de energía renovable. En varios periodos, el país ha funcionado solo con fuentes renovables, principalmente energía hidroeléctrica y geotérmica.

4. Pura Vida: La famosa frase "Pura Vida" no es solo una expresión casual, sino un lema de vida en Costa Rica. Significa "vida pura" o "vida simple", reflejando la actitud positiva y relajada de los costarricenses.

5. El Primer Parque Nacional del Mundo: El Parque Nacional Volcán Poás fue el primer parque nacional establecido en el mundo en 1955. Alberga el cráter activo más grande del mundo.

6. Diversidad de Mariposas: Costa Rica es hogar de una impresionante variedad de mariposas. Se estima que hay alrededor de 1,200 especies en el país, desde pequeñas y coloridas hasta grandes y majestuosas.

7. Casa de la Rana Dorada: La rana dorada (Atelopus zeteki) es un símbolo de la conservación en Costa Rica. Solo se encuentra en la región de Monteverde y es conocida por su piel brillante y colores vibrantes.

8. Doble Costarricense: El sistema de doble moneda de Costa Rica incluye el Colón Costarricense (CRC) y el Dólar Estadounidense (USD). Ambas monedas son aceptadas en transacciones diarias.

9. Café de Alta Calidad: El café costarricense es conocido por su alta calidad y sabor distintivo. La región de Tarrazú produce granos de café considerados entre los mejores del mundo.

10. Sistema de Parques Nacionales: Costa Rica destaca por su compromiso con la conservación. Más del 25% de su territorio está protegido en forma de parques nacionales, reservas biológicas y zonas de protección.

Punta Islita , Guanacaste, Costa Rica

CONCLUSION

El Último Baile de la Pura Vida

¡Queridos lectores aventureros, bienvenidos al último compás de nuestro viaje entre estas páginas llenas de sol, selva y sonrisas! Hemos danzado por la diversidad de Costa Rica, nos hemos sumergido en sus aguas, explorado sus montañas y nos hemos empapado de la alegría de su gente. Ahora, en este último capítulo, detengámonos un momento para reflexionar sobre la duradera impresión de felicidad que este rincón del mundo deja en cada alma viajera.

Costa Rica no es solo un destino; es un abrazo cálido, una invitación constante a vivir la vida con pasión y a disfrutar cada momento. La felicidad, aquí, no es un destino lejano, sino un compañero de viaje que se encuentra en cada rincón, en cada saludo amistoso y en cada "Pura Vida" compartido.

Hemos explorado playas doradas donde el sol se despide en tonos de fuego, selvas que guardan secretos ancestrales y ciudades que laten con la energía de una cultura rica y diversa. En cada experiencia, hemos descubierto la autenticidad de la Pura Vida, esa filosofía que celebra la simplicidad, la conexión con la naturaleza y la alegría de vivir plenamente.

A lo largo de nuestras páginas, hemos contado historias de bailes bajo la luna, de risas compartidas en animados mercados y de aventuras que se despliegan en la encrucijada entre lo mágico y lo real. Cada palabra ha sido un intento de capturar la esencia de este paraíso tropical y llevarla a ustedes, queridos lectores.

A medida que cerramos este libro, extendemos nuestro más profundo agradecimiento por acompañarnos en esta travesía. Esperamos sinceramente que, a través de estas palabras, hayamos logrado transportarles al corazón mismo de la Pura Vida, que hayan sentido la brisa tropical acariciando sus rostros y que hayan escuchado el eco de risas contagiosas en cada capítulo.

Costa Rica, con su diversidad asombrosa y su enfoque relajado hacia la vida, nos deja con un regalo duradero: la invitación a abrazar la mentalidad de "Pura Vida" en todas las áreas de nuestra existencia. Que cada día sea una aventura, cada desafío una oportunidad de crecimiento y cada encuentro una ocasión para compartir alegría.

Con estos pensamientos, nos despedimos con un último "Pura Vida" resonando en el aire. Que la vida les regale muchas más páginas de felicidad, exploración y conexión. ¡Hasta la próxima aventura, queridos amigos!

Gracias

Playa conchal, Guanacaste, Costa Rica

Rio Celeste , Costa Rica

Made in the USA
Columbia, SC
10 October 2024

43425004R00022